Karl Ernst von Baer

Welche Auffassung der lebenden Natur ist die Richtige?

und Wie ist diese Auffassung auf die Entomologie anzuwenden?

Karl Ernst von Baer

Welche Auffassung der lebenden Natur ist die Richtige?
und Wie ist diese Auffassung auf die Entomologie anzuwenden?

ISBN/EAN: 9783743316188

Hergestellt in Europa, USA, Kanada, Australien, Japan

Cover: Foto ©Lupo / pixelio.de

Manufactured and distributed by brebook publishing software (www.brebook.com)

Karl Ernst von Baer

Welche Auffassung der lebenden Natur ist die Richtige?

Die erste Versammlung der Russischen entomologischen Gesellschaft können wir wohl nicht passender eröffnen, als indem wir gemeinschaftlich demjenigen Mitgliede unsere warme und herzliche Dankbarkeit bezeugen, durch dessen Eifer und Thätigkeit unsere Gesellschaft in ein öffentliches Dasein gerufen ist, indem es die Zerstreuten, zwar durch gemeinschaftliche Liebe zu der wissenschaftlichen Untersuchung der Insectenwelt unter sich Verbundenen und Befreundeten, aber durch äussere Lebensverhältnisse Geschiedenen, zu gemeinschaftlicher Wirksamkeit vereinte.

Ich fordere Sie auf, meine verehrten Herren und Freunde, die gemeinsame Thätigkeit damit zu beginnen, dass wir unserem verehrten Vice-Präsidenten, Herrn Oberst von Manderstjerna, dafür danken, die Gesellschaft in die Welt gesetzt zu haben. Von einer frühern embryonalen Existenz, die mir aber unbekannt ist, werden Sie später von dem Herrn Secretär Siemaschko hören, der bis zum Momente der Keimbildung zurückzugehen gedenkt.

Was aber Ihren ersten Präsidenten anlangt, so bedauere ich sehr, dass Ihre Wahl nicht auf einen Mann gefallen ist, der als specieller Kenner der Entomologie Ruf hat. Ich kann von ihm nur sagen, dass er alle wissenschaftlichen Bestrebungen zu achten weiss, und von der Entomologie nicht klein denkt. Das allein können Sie bei Ihrer Wahl im Auge gehabt haben, und diese Ihre Meinung verpflichtet mich zur Dankbarkeit, verleitet mich aber auch, dass ich heute für einige allgemeine Bemerkungen das Wort ergreife.

Als Ziel hat sich die Russische entomologische Gesellschaft folgende Aufgaben gestellt:

1) zur Verbreitung der entomologischen Kenntnisse in Russland beizutragen, zu diesem Zwecke die russischen Entomologen enger unter einander zu verbinden und ihren Verkehr mit den Naturforschern und naturhistorischen Gesellschaften des Auslandes zu befördern;
2) die Welt der Insecten, vorzüglich der vaterländischen, in allen Beziehungen zu studiren;
3) insbesondere aber will sie sich bemühen, den Nutzen und Schaden der Insecten zu erforschen und die Mittel zur Bekämpfung der schädlichen zu finden, diese erlangten Kenntnisse dann möglichst im Lande zu verbreiten und endlich nützliche Insecten zu akklimatisiren.

Die Gesellschaft will also nicht nur die naturhistorische Kenntniss der Insectenwelt fördern, sondern auch zugleich den verschiedenen vaterländischen Gewerben, dem Ackerbauer und dem Forstbesitzer, dem Gartenbauer und dem Bienenzüchter, dem Weinbauer und Seidenzüchter, dem Kornhändler wie dem Krämer nützlich werden. Denn diese alle leiden zuweilen von der wuchernden Vermehrung einiger Insecten. Selbst die Schiffswände werden über dem Wasser zuweilen von Käfer-Larven zerstört, wie unter dem Wasser vom Bohrwurm.

Das sind grosse und weite Aufgaben.

Erlauben Sie, dass ich zuvörderst das Studium der Insectenwelt etwas näher zergliedere, und die einzelnen Richtungen, in welche diese Aufgabe sich theilt, ins Auge fasse.

Was die andere Aufgabe der Gesellschaft anlangt, die engere Verbindung der vaterländischen Entomologen unter einander zu bewirken, so wird sich diese ganz von selbst in dem Maasse finden, in welchem die Gesellschaft thätig ist, und über die Untersuchung der schädlichen Insecten gedenke ich bei einer andern Gelegenheit einige Bemerkungen zu machen.

Die Entomologie hat vor allen Dingen die verschiedenen Formen der Insecten, welche wir *Species* nennen, zu beachten und zu unterscheiden. Ich brauche kein Wort zur Empfehlung dieser sogenannten systematischen Entomologie zu sagen, denn es liegt in der Natur der Dinge, dass wir uns zuerst an der Schönheit und Regelmässigkeit der Formen erfreuen, mit der die Natur so verschwenderisch die Insecten bekleidet hat, und dass wir dann die vielen Formen von einander zu unterscheiden und das Aehnliche zusammenzustellen suchen.

Sie Alle, meine Herren, sind durch diesen reichen Schmuck zuvörderst angezogen und durch denselben in die Entomologie eingeführt, oder richtiger vielleicht, zu ihr verführt worden. Der Verführung folgt erst die Besinnung, ich meine das ernste Studium.

Zu wünschen ist aber, dass unsere Gesellschaft die Insectenwelt nicht blos im zierlichen und anziehenden Hochzeitskleide beachte, sondern auch in den frühern Trachten und Lebensverhältnissen, in welchen sie in der Regel viel tiefer in den Haushalt der Natur eingreifen. Sie wissen, dass der Ausdruck Hochzeitskleid für die Vögel ein längst eingeführter technischer ist; warum sollten wir ihn nicht auch für die Insectenwelt gebrauchen? Ist doch die letzte Form der Insecten, die wir in der Sprache der Wissenschaft *Imago* nennen, nichts anders als die Tracht, welche sie annehmen, wenn die Erhaltung der Art ihr Hauptgeschäft wird? Mit Recht zieht diese Form, die schönste und beweglichste, am meisten an, mit Unrecht aber vernachlässigt man die frühern.

In den frühern Entwickelungs-Stufen sind die Formen, wenn auch weniger schön, doch mannigfacher als in den letzten Zuständen und die Verhältnisse zur äussern Natur sind viel inniger. Gar manche Insecten bedürfen im ausgebildeten Zustande nicht einmal der Nahrung; nur nach geeigneten Plätzen für ihre Eier suchen sie ängstlich. Viel mächtiger wirkt das Nahrungs-Bedürfniss in den Jugendzuständen.

Die wissenschaftliche Untersuchung der Natur strebt

in den Einzelheiten das Allgemeine zu erkennen, um endlich dem Grunde aller Dinge näher zu kommen. Für diese Art Untersuchungen, die immer das Ziel der Naturforschung sein sollte, bietet wohl keine Thierklasse so reichen Stoff als die Insecten. Sie greift mit den im gewöhnlichen Leben so wenig beachteten Infusorien so tief in den Haushalt der Natur ein, wie keine andere, und ragt in der Mannigfaltigkeit der Triebe, diesen dunklen Spuren von der Wirksamkeit einer geistigen Nöthigung, so hoch vor andern Thierklassen hervor, dass ihr Studium dem Forschergeiste denkender Menschen einen unversiegbaren Stoff bietet.

Ueberhaupt sind es die **niedern** Formen des Lebens, welche das Dasein der **höhern** möglich machen, und nur dem denkenden Naturforscher erschliesst sich dieser Zusammenhang. Seine Aufgabe ist es daher auch, diesem tief liegenden Zusammenhange nachzuforschen und das Ergebniss seiner Nachforschung auch in das Bewusstsein Derer einzuführen, denen anderweitige Beschäftigungen ein specielles Studium der Natur nicht erlauben.

Werfen wir zuvörderst einen Blick auf die Pflanzenwelt. Die schönen Formen und lebhaften Farben der Blumen können den oberflächlichen Beobachter leicht verführen, sie für die wichtigsten Theile, für den eigentlichen Zweck der Vegetation zu halten. Sie sind es auch für die Erhaltung der einzelnen vegetabilischen Formen (*species*), denn in den Blumen bilden sich die Früchte, die Anlagen zu neuen Generationen. Allein der Naturforscher weiss, dass das grüne Blatt und selbst die grünen blattlosen Wasserfäden unter dem Einflusse des Sonnenlichtes das Sauerstof-Gas aushauchen, welches alle Thiere einathmen müssen, um bestehen zu können, und dass die Pflanzen den Kohlenstoff binden, welchen alle Thiere ausathmen, und bei dessen Ueberfluss in der Luft sie ersticken müssten. Ohne die grünen Pflanzentheile wäre also auf unserer Erde, wie es scheint, das längere Bestehen eines thierischen Lebens gar nicht möglich. Die Pflanzen bilden aber nicht allein den Athmungs-Stoff, sondern auch den Nahrungs-Stoff für die Thierwelt, denn sie sind es, welche zuvörderst die im Erdboden und im Luftmeer vertheilten einfachen Stoffe aufnehmen, um organische Verbindungen daraus zu bilden, welche den Thieren zur Nahrung dienen können. In beiden Hinsichten greifen die grünen Pflanzentheile tiefer und massenhafter in den Haushalt der Natur ein, als die Blumen und die Früchte. Die Nahrungsstoffe, welche in den Früchten sich bilden, sind freilich mehr ausgebildet und veredelt, wenn man sich so ausdrücken darf, und der Mensch kann nur wenig andern Nahrungsstoff unmittelbar aus dem Pflanzenreich zu seiner Nahrung benutzen, als den, der in den Früchten bereitet wird. Allein massenhafter gehen die grünen Pflanzentheile in die Organisation der Thiere über. Von ihnen nähren sich die mannigfachen und zahlreichen Heerden der Wiederkäuer, die Dickhäuter (Elephanten, Hippopotamen, Nashörner, Tapire), die

Pferde, ein Theil der Nager, die Faulthiere u. s. w. Unter den Vögeln ist die Zahl der Arten, welche von grünen Pflanzentheilen leben, zwar nicht so ansehnlich, aber wieder sind es die grössten Formen und diejenigen, deren Fleisch dem Menschen am meisten zusagt. In der Klasse der Amphibien sind es die Landschildkröten, welche vorzüglich von grünen Pflanzentheilen leben. Durch das Fleich aller dieser Thiere verwandeln sich nun auch die weniger verarbeiteten Pflanzenstoffe, die in den Blättern sich bilden, in Nahrungsstoff für den Menschen, indem sie eine höhere Verarbeitung im Leibe der genannten Thiere erfahren.

Ungefähr so wie die Pflanzen mit ihren weniger ausgebildeten Theilen tiefer eingreifen in den Haushalt der Natur, mit den höher entwickelten Theilen aber mehr für die Erhaltung der eigenen Arten wirksam sind, ist es auch unter den Thieren mit den Insecten; mit dem Unterschiede jedoch, dass es in der Insectenwelt die Jugendzustände sind, welche die Umwandlung der organischen Stoffe in kleinen Leibern zwar, aber in Tausenden von Millionen Individuen besorgen, während die ausgebildeten Insecten mehr bestimmt sind, neue Individuen in's Leben zu setzen, obgleich auch von ihnen eine nicht geringe Anzahl andern Thieren zur Nahrung dient.

Ein tief gehender Unterschied zwischen den Pflanzen und Thieren besteht darin, dass die meisten Pflanzen eine Menge Theile sich bilden, welche sehr bald weniger nothwendig für den Fortgang der Vegetation sind, also entbehrt werden können, ein etwas ausgebildetes Thier aber nicht leicht einen Theil seines Leibes verlieren kann, ohne wesentlich zu leiden. Die meisten Pflanzen können daher ziemlich viele Blätter hergeben, ohne in der Blüthe oder Fruchtreife wesentlich gestört zu werden. Das Insect kann aber nicht füglich bestehen, wenn ihm mehr als allenfalls ein Fuss oder einige Tarsus-Glieder, die bei manchen sogar regelmässig verloren gehen, vernichtet wird. Deswegen musste für den Haushalt der Natur die Einrichtung sich bilden, dass die Insecten in den Jugendzuständen mit ganzen Individuen dem allgemeinen Stoffwechsel dienen, während von den Pflanzen, ausser den ganz geopferten, auch die fortbestehenden viele Theile abgeben können.

„Wozu mögen doch die lästigen Mücken geschaffen sein?" fragte mich einmal eine Dame, welche von diesen zudringlichen Besuchern eben gelitten hatte. „Damit wir mehr Fische haben in unsern süssen Wassern", musste ich antworten. Die Larven und Puppen der Mücken, der Schnaken (*Chironomus*), der Ephemeren, der Libellen, der Maifliegen (*Semblis*) und Stechfliegen, sowie von tausend andern Insectchen, leben im Wasser und bilden die Hauptnahrung unserer Süsswasserfische. Sind die Fische jetzt wichtig als ein Nahrungsmittel für die Menschen, so waren sie es in deren früheren Zuständen noch weit mehr. In den nördlichen Gegenden wenigstens hätten die in der Bildung wenig vorgeschrittenen Menschen schwerlich sich erhalten können, wenn damals die Gewässer nicht sehr reich an Fischen gewesen wären, wie wir es jetzt in Sibirien, in Kamtschatka und überhaupt in solchen Ländern finden, wo der Mensch die Urzustände im Haushalte der Natur noch wenig verändert hat. In der That findet man in solchen Ländern, wo man den Spuren der frühesten Bewohner am eifrigsten nachgeforscht hat, wie in Dänemark, diese Spuren entweder am Meeresufer, wo grosse Haufen Schaalen von Austern und andern Muscheln anzeigen, wovon sie sich nährten, oder auch an den Landseen. — Noch viel belehrender sind in dieser Beziehung die schweizerischen Seen in neuester Zeit geworden. Man hat in ihnen Reste von menschlichen Ansiedelungen sehr zahlreich und ausgedehnt gefunden, welche auf Pfählen in die Seen hineingebaut waren. In diesen sogenannten Pfahlbauten lebten also Menschen, zu denen keine historischen Nachrichten hinaufreichen, ganz über den Seen, die ihre Nahrungsquellen, gleichsam ihre Felder waren, welche sich selbst besäeten.

Offenbar war es den Menschen, welche nur Steinwerkzeuge und noch keine metallenen hatten, leichter, mit einem spitzen Steine, an eine Stange gebunden, Fische zu stechen, sie mit Haken aus Muschelschaalen zu angeln, mit Netzen zu fangen oder selbst mit Händen zu greifen, als grössere Jagdthiere zu erlegen, und wir können uns dreist auf das Zeugniss der Geschichte berufen, wenn wir behaupten, dass die ersten

Menschen in Europa sich schwer hätten erhalten und vermehren können, wenn sie nicht reichlich Mücken, Schnaken, Stechfliegen und ähnliche Insecten vorgefunden hätten. Sie zogen diese, in Fischfleich verwandelt, aus dem Wasser. Aber in den frühesten Zuständen des Fischlebens, wenn die kleinen Fischchen erst kürzlich aus dem Ei geschlüpft sind und den Dotter verbraucht haben, den sie aus dem Ei als mütterliche Aussteuer mitnahmen, sind auch diese Insectenlarven ihnen noch zu gross. Sie nähren sich dann vorzüglich von den kleinen, fast mikroskopischen, meist springend sich bewegenden Thierchen, die wir fast in jedem süssen Wasser finden und zuweilen auch in unserm Trinkwasser sehen, von den Thierchen, die die Naturforscher Entomostraceen nennen, und die ja auch zur Insectenwelt gehören. Da überdies für jene Insectenlarven die Entomostraceen eine Hauptnahrung bilden, so dürfen wir also auch sagen, dass vorzüglich die Entomostraceen durch zahllose Opfer die grössern Thiere im süssen Wasser unterhalten. Sie selbst aber, die Entomostraceen, nähren sich von den kleinsten und feinsten Abfällen der Pflanzen, welche langsam von kleinen und grössern Pflanzentheilen sich ablösen. Kein Schüppchen geht für sie verloren. Da von ihnen wieder die Erhaltung der kleinsten Fische, so wie die Ernährung der Insectenlarven, von denen grössere Fische leben, abhängt, so sehen Sie leicht ein, woher es kommt, dass in Ländern, in denen der Mensch nicht zahlreich ist oder auf geringer Culturstufe steht, das süsse Wasser mehr von Fischen wimmelt. Es gelangt nämlich dort mehr organischer Stoff in's Wasser, und der Haushalt der Natur verwandelt diesen durch mancherlei Zwischenstufen in Fischfleisch.

Wo aber der Mensch auf höherer Stufe steht, wo er einen bedeutenden Theil des Bodens benutzt, um Korn darauf zu bauen, das Producirte abmäht und das Zurückbleibende einpflügt, um der folgenden Saat Nahrungsstoff vorzubereiten, wo er von den abgeführten Halmen die Körner als Mehl verzehrt, das Stroh wieder zum Dünger verwendet, wo er einen Theil der Wiesen von seinem Vieh abweiden lässt, um auch Fleischnahrung zu haben, wo er die Abgänge des Viehes wieder benutzt, um sein Feld zu düngen, mit einem Worte, wo er den Stoffwechsel der Natur mit möglichst kurzem Umsatze zu seinem unmittelbaren Nutzen verwendet, da können Regen- und Schneewasser lange nicht so viel organischen Stoff in Seen und Flüsse spülen, da können diese auch nur wenige Fische ernähren. Der Mensch hat ja, den Haushalt der Natur umändernd, den Stoff in Korn, Schaafe und Rinder verwandelt, der früher in Fische sich verwandelte.

In der That haben mehrjährige Untersuchungen über Fischereien und Fischvorräthe mich zu der festen Ueberzeugung geführt, dass in grössern Wassern der Vorrath von Fischen im Verhältniss steht zu der Quantität des organischen Stoffs, der jährlich in diese Wasser gelangt, oder mit andern Worten: Es sind so viele Fische in einem grössern Wasser, als Nahrungsstoff in ihm sich sammelt. Man meint gewöhnlich nur, dass zu viel weggefangen ist, wenn der Fischvorrath abnimmt, man bedenkt aber nicht, wie stark die Fortpflanzung der Fische ist, dass sehr viele Fische ihre Eier zu Tausenden und selbst zu Hunderttausenden und Millionen legen, alle nutzbaren Fische wenigstens zu Hunderten, und dass bei weitem mehr Fischbrut aus Hunger umkommen müsste, wenn sie nicht von andern Fischen verzehrt würde, und nur ein geringer Theil auswachsen könnte. Man bedenkt nicht, dass die Aussaat, welche die Natur macht, immer sehr gross ist, und dass von dieser Aussaat sehr viel mehr auswachsen würde, wenn man nicht den Nahrungsstoff anders verwendete. Ich erwarte darum sehr wenig von der künstlichen Fischzucht für die Vermehrung der Fische in den Flüssen Frankreichs. Ich habe auch nicht gehört, dass die Anstalt für künstliche Fischzucht in Hüningen den Fischreichthum der Umgegend vermehrt hätte. Man gebe den Fischen mehr Nahrung, so wird man mehr haben. Aber wie macht man das? Man umpflanze die Fischteiche und Flüsse mit Bäumen und Sträuchern und lasse auf dem Boden der seichten Stellen die Wasserpflanzen bestehen. Ihre Blätter werden in's Wasser fallen und den Entomostraceen zur Nahrung dienen; es werden in den Gesträuchen Insecten sich sammeln und ihre Eier in's Wasser legen. Man lasse die Natur ihren Stoffwechsel im Wasser vollbringen und gebe ihr den Stoff dazu, und man wird der künstlichen Befruchtung nicht bedürfen. Die Fische verrichten diese Arbeit selbst.

Zu lange habe ich mich vielleicht bei den Insecten, die im Wasser organischen Stoff verzehren, und selbst wieder zur Nahrung dienen, aufgehalten. Es ist auf dem Lande nicht anders. Es giebt keinen Stoff aus dem Pflanzen- oder Thierreiche, der nicht seine Kostgänger in der Insectenwelt hätte. Die todten Leiber und die Auswurfsstoffe grösserer Thiere ziehen aus der Ferne Käfer und Fliegen verschiedener Art an, die ihre Eier hineinlegen, deren Larven in kurzer Zeit den todten Stoff wieder lebendig machen, indem sie ihn verzehren. Der umgefallene Baumstamm wird nur langsam von den allgemeinen Kräften der Natur zerstört, aber mannigfache Insecten bohren ihn an und legen ihre Eier hinein, aus denen Larven auskriechen, die das Holz in allen Richtungen mit Gängen durchziehen, in welche jetzt der Regen tiefer eindringt und das Vermodern befördert.

Die Insecten selbst sind aber wieder das lebendige Nahrungsmagazin für viele andere Thiere. Zuvörderst schon für die grosse Zahl der Raubinsecten, die von andern Arten der Insectenwelt leben. Von den Amphibien leben die Frösche und Kröten mit den Salamandern, die Schlangen und Eidechsen, mit Ausnahme der grösseren Formen, vorherrschend von Insecten. Unter den Vögeln sind die Insectenfresser sehr zahlreich, und auch unter den Säugethieren giebt es eine ganze Ordnung, welche, wie der Maulwurf, die Spitzmäuse und der Igel, Insectenfresser sind. Sie sind bei uns meistens nur von geringer Grösse; aber in heissen Ländern, wo die fruchtbaren Termiten in grossen Colonien leben, hat die Natur sogar grosse Thiere, die Ameisenfresser verschiedener Geschlechter und die Schuppenthiere, zu ihren Vertilgern bestimmt. Erfolgreicher, als die Menschen könnten, vertilgen sie die Ameisen und Termiten, indem sie ihre lange klebrige Zunge in die Bauten dieser Thierchen stecken und sie rasch zurückziehen, um die daran sitzenden Insecten massenweise zu verschlucken. In heissen Ländern, denen es zugleich an Feuchtigkeit nicht fehlt, ist überhaupt der Stoffwechsel rascher und mächtiger als in gemässigten und kalten. Hier aber mehren sich die Insecten auch so, dass jeder abgestorbene organische Körper, der nicht mehr durch eigenes Leben sich erhalten kann, von ihnen verzehrt wird. Sie bilden die Polizei, welche die Luft rein zu erhalten strebt. In den heissen Ländern sind aber auch die zahlreichsten und mächtigsten Insectenvertilger, damit diese Polizei nicht zu zerstörend wirke. Das hindert freilich nicht, dass die letztere in ihrem Eifer dem Menschen oft sehr empfindlich wird. Ich will gar nicht an die häufige Zerstörung alles Hausgeräths, das nicht von Metall ist, erinnern, aber uns, den Dienern der Wissenschaft, muss es sehr empfindlich sein, dass kein Pergament und kein Papier von Pflanzenstoffen in heissen Ländern lange conservirt werden kann. Die Inschriften, welche König Darius Hystaspes in die Mauern von Persepolis einhauen liess, bestehen noch, und es ist in neuer Zeit gelungen, sie zu entziffern; Assyrische Bilder in Stein und Erz sind kürzlich in

Menge entdeckt und nach Europa gebracht. Aber wo sind die Schriften der Assyrer und Babylonier, ihre astronomischen Beobachtungen, von denen die Griechen erzählen? Diese würden uns weit mehr über die Zustände dieser alten Völker und die Geschichte der ersten Entwickelung der Wissenschaften lehren, als die Steinschriften. Dass die Insecten in ihrem blinden Eifer hier mehr dem Obscurantismus gedient haben, als alle Araber, Mongolen und Türken, kann uns das Beispiel Indiens lehren. In Indien ist die Schreibekunst auch sehr alt, und das Interesse an den Producten der Literatur war ohne Zweifel viel verbreiteter als am Euphrat und Tigris. Dennoch, so sagen die Kenner, soll es in Indien kein Manuscript geben, das 300 Jahre oder darüber alt wäre. Selbst die ältesten Schriften, die Vedas, bestehen nur in neuern Abschriften. Den Untergang der Originale muss man den Termiten und ähnlichen gefrässigen Insecten zuschreiben, und nur das lebendige Interesse der Hindus an ihrer Literatur hat einen grossen Theil derselben durch oft wiederholte Abschriften erhalten. — Aber, könnte man einwenden, es haben sich doch recht viele alte Papyrusschriften aus dem alten Aegypten erhalten! Allerdings, aber wo hat man sie gefunden? — in verschlossenen Räumen von Pyramiden und Felsengräbern. Sonderbare Verkettung der Dinge! Hätten die ägyptischen Könige und Häuptlinge nicht so gewaltige Bauten ausgeführt, was ohne harte Sklaverei kaum möglich war, so würde uns die Geschichte der Menschheit viel kürzer erscheinen.

Der Unerfahrene stutzt, wenn er von diesen gegenseitigen Zerstörungen hört, ja frommer Glaube hat wohl herausgeklügelt, dass es vom bösen Feinde, vom Verderber aller Werke des Schöpfers kommen müsse, dass ein Thier das andere verzehrt, wie überhaupt auch der Tod der Geschöpfe. Kleinlicher Maassstab, der alle Schöpfung nur in einen Moment zusammendrängt und damit beendet sich denken kann, wobei das einmal Geschaffene endloses und wechselloses Dasein haben müsste, ohne Verjüngung und also ohne Fortschritt. Wo sollte für diese wechsellose Thierwelt der Nahrungsstoff herkommen? Der grösste Vorrath müsste im Laufe der Zeiten verzehrt sein. Nein, grösser als dieses erstarrte Leben ohne Wechsel ist die wirkliche Welt, wo der Nahrungsstoff selbst eine Zeit lang lebendig ist, häufig allerdings seine Vollendung nicht erreichend, aber ohne Verlust dabei zu erfahren, denn er trägt nur die Forderung in sich, den Augenblick des Daseins zu geniessen, nicht die Ansprüche auf ewige Dauer. Und dieser ewige Wechsel des Stoffes, er ist ja das Mittel, den Stoff zu vervollkommnen und zu veredlen. Aus dem Boden, dem Wasser und der Luft zieht die Pflanze die einfachen rohen Stoffe an und verwandelt sie in vegetabilische; aus diesem Zustande gehen sie in vielfachen Stufen in thierische Stoffe über. Der Mensch allein hat die Fähigkeit, diesen organischen Stoffwechsel zu seinem Vortheil zu leiten und so sich schrankenlos auf der Erde auszubreiten. Schrankenlos dürfen wir wenigstens jetzt noch glauben, denn da der Stoffwechsel unter den Tropengegenden sehr viel rascher vor sich geht als in höhern Breiten, so können wir jetzt noch gar nicht berechnen, wie viele Menschen in Gegenden, wo die beiden wichtigsten Agentien für den organischen Stoffwechsel, Wärme und Feuchtigkeit, in reichlichem Maasse wirksam sind, neben einander sich nähren können.

So hat also der ununterbrochen fortgehende Stoffwechsel auf der Erde zur allgemeinen Folge, dass die rohen unorganischen Stoffe in organische Verbindungen gebracht und durch mehrfache Metamorphose veredelt, zur Verfügung und unmittelbaren Benützung des Menschen als höchsten Gebildes der irdischen Schöpfung gestellt werden. Der ununterbrochene Wechsel des Stoffes wie die Erneuerung der lebenden Individuen belehrt den Naturforscher, dass die Schöpfung nicht zu denken ist als ein nur auf kurze Zeit wirksamer Act, dessen Product dann auf ewig starr und unveränderlich verharrte, sondern als ein ewig fortgehendes Werden und Vergehen, das aber dennoch zu höhern Zielen führt. Der beobachtende und denkende Naturforscher darf nicht die kümmerliche Forderung an die Natur stellen, welche der Zimmermann an sein mit saurer Mühe ausgeführtes Gebäude macht, dass es, einmal gefertigt, nun auch ausdaure und wenigstens für seine Lebenszeit ihm Herberge gebe. Die lebenden

Gebilde der Natur können vergehen und vergehen wirklich, weil sie immer wieder sich erneuern, aber diese Erneuerung ist kein absolutes Neuwerden, sondern die Entwickelung eines Keimes, der ein Theil des früher Lebendigen war; alles Uebrige dient als Stoff für die immer schaffende Natur. Gewiss, das fortgehende Werden ist nichts anders als eine fortgehende Entwickelung, eine Evolution. Ein Verharren besteht in der Natur gar nicht, wenigstens in den lebenden Körpern sicherlich nicht. Es liegt nur in dem zu kleinlichen Maassstabe, den wir anlegen, wenn wir in der lebenden Natur ein Verharren wahrzunehmen glauben.

Es verlohnt sich, diesen Satz näher zu erweisen.

In der That kann der Mensch gar nicht umhin, sich selbst als den Maassstab für Raum und Zeit zu nehmen. Für die Maasse des Raumes haben sich sogar die Benennungen nach den Gliedern des Körpers in den verschiedenen Sprachen erhalten, denn wir messen nach Fingerlängen, Spannen, Daumenbreiten, Handbreiten, Fussen, Schritten, Ellen, Klaftern und haben die grössern Maasse durch Vervielfachung der angebornen gefunden. So nannten die Römer tausend lange Schritte an einander gereiht ein *Milliarium* (von *mille*, tausend), und davon stammen die Meilen der verschiedenen Völker, die freilich einige grösser, andere kleiner machten. Die Russischen Werste sind auch eine Summe von Maassen des menschlichen Körpers, nämlich des сажень, des Maasses von einer Handspitze zur andern bei ausgestreckten Armen.

Für das Messen der Zeit haben wir von der äussern Natur allerdings einige sehr bestimmte Maasse erhalten, die sich immer wiederholen und sich dem Menschen daher fast mit Gewalt aufdrängen, die Dauer eines Jahres, eines Mondlaufes, die Dauer des Wechsels von Tag und Nacht. Allein die Grundmaasse, um wieder diese Naturmaasse abzumessen, müssen wir doch aus uns selbst nehmen. Wir können gar nicht anders. Ein Tag scheint uns ziemlich lang, weil wir im Verlaufe desselben gar mancherlei thun und noch viel mehr wahrnehmen können. Eine Nacht, die wir im festen Schlafe zugebracht haben, scheint uns nachher sehr kurz gewesen zu sein, aber eine Nacht, die wir schlaflos oder gar unter heftigen Schmerzen durchleben müssen, erscheint uns sehr lang, — weil wir in hir viel gelitten haben. Völker, die ohne Uhren, also ohne künstliche Zeitmesser leben, pflegen nach Mahlzeiten zu rechnen, also nach der Wiederkehr des Hungers und der Stillung desselben. Das ist schon ein Maass, das aus dem eigenen Lebensprocesse genommen ist. Man könnte nach Athemzügen messen, doch weiss ich nicht, ob dieses natürliche Maass bei irgend einem Volke im Gebrauch ist. Doch zweifle ich nicht, dass das kleine Zeitmaass, welches wir eine Secunde nennen und künstlich bestimmt haben, von unserm Pulsschlage oder Herzschlage genommen ist, denn in einem Manne von vorgeschrittenen Jahren schlägt der Puls ziemlich genau von Secunde zu Secunde. Indessen ist das eigentliche Grundmaass, mit welchem unsere Empfindung wirklich misst, noch kleiner, nämlich die Zeit, die wir brauchen, um uns eines Eindrucks auf unsere Sinnesorgane bewusst zu werden. Daher kann uns auch eine Secunde lang scheinen, wenn wir in gespannter Erwartung sind. Dieses Zeitmaass für einen sinnlichen Eindruck ist bei allen Völkern im Gebrauch als Maasseinheit für die Zeit. Sehr oft ist in der Benennung des kleinsten Zeitmaasses auch noch der Ursprung desselben kenntlich, am auffallendsten in deutschen Worte „Augenblick", die Zeit für den Blick mit dem Auge. Die Römer nannten das kleinste Zeitmaass *momentum*, oder auch *punctum temporis*. *Punctum* heisst ein Stich, *punctum temporis* ist vielleicht die Zeit, welche ich brauche, um einen Stich zu empfinden; das Wort *momentum* leitet man ab vom Zeitworte *movere*, bewegen. Man hat damit wahrscheinlich die Zuckung im Sinne gehabt, die auf einen plötzlichen Stich folgt. Dieses lateinische Wort ist in viele neuere Sprachen übergegangen. Das russische Wort мигъ, die rasche Bewegung des obern Augenlides über dem Augapfel bedeutend, gilt auch für das kleinste Zeitmaass. Ganz ebenso ist es in einigen andern Sprachen, wie im Esthnischen *Silmapilk*.

Die Physiker und die Physiologen haben versucht, die Zeit zu messen, welche wir brauchen, um eine Empfindung zu haben oder eine rasche Bewegung auszuführen. Es hat sich aber bald gefunden, dass viel auf die Lebhaftigkeit des Eindrucks ankommt, indem der lebhafte Eindruck schneller empfunden wird, aber auch länger anhält. Eine Flinten- oder Kanonenkugel, die uns nahe vorbeifliegt, sehen wir nicht, weil sie an keiner Stelle lange genug verweilt, um einen Eindruck auf unsere Netzhaut hervorzubringen und diesen zu empfinden. Ist eine solche Kugel glühend, und fliegt sie uns im Dunkeln vorüber, so erscheint sie uns wie ein glühender Streifen, weil der Eindruck, den sie auf einer Stelle der Netzhaut hervorgebracht hatte, noch nicht aufgehört hat, wenn sie schon fort ist und eine andere Stelle der Netzhaut reizt. So erscheint uns eine glühende Kohle, die im Kreise gedreht wird, wie ein feuriger Ring, eine abgekühlte Kohle, die ebenso rasch gedreht wird, sehen wir aber nicht, weil der Eindruck der Gegenstände, welche die Kohle in ihrer Bewegung nach einander verdeckt, noch gar nicht aufgehört hat, wenn die Kohle schon wieder fort ist und sie zu wenig an jedem Orte verweilte, um eine Sinnesempfindung zu erzeugen. Bewegt man die dunkle Kohle langsamer, so wird sie sichtbar. Es lässt sich also kein allgemein gültiges Maass für die Dauer einer Sinnesempfindung geben, da lebhafte Eindrücke schnell aufgefasst werden, aber lange verweilen. Als mittleres Maass kann man etwa $\frac{1}{6}$ Secunde annehmen, höchstens $\frac{1}{10}$. Da nun unser geistiges Leben in dem Bewusstsein der Veränderungen in unserm Vorstellungsvermögen besteht, so haben wir in jeder Secunde durchschnittlich etwa 6 Lebens-Momente, höchstens 10. Ohne in diesen etwas schwierigen Gegenstand hier tiefer eingehen zu wollen, kommt es mir nur darauf an, anschaulich zu machen, dass die Schnelligkeit des Wahrnehmungsvermögens und der darauf erfolgten Reaction das wahre und natürliche Maass für unser Leben ist. Im Sanguiniker ist die Empfindung und Bewegung rascher als im Phlegmatiker oder im Schläfrigen. Jener lebt also mehr in einem bestimmten Zeitmaasse, z. B. in einer Stunde. In jenem schlägt aber auch der Puls häufiger als in diesem. Ueberhaupt scheint der Puls in gewisser Beziehung mit der Schnelligkeit von Empfindung und Bewegung zu stehen. Beim Kaninchen folgen sich die Pulsschläge fast 2 mal so schnell als beim Menschen und beim Rinde fast 2 mal so langsam. Sicher erfolgen Empfinden und Bewegung bei jenen Thieren auch viel schneller als bei diesen. Es erleben also die Kaninchen in derselben Zeit bedeutend mehr als die Rinder. Es kam mir besonders darauf an, für die folgenden Bemerkungen die Vorstellung geläufig zu machen, dass das innere Leben eines Menschen oder Thieres in derselben äussern Zeit rascher oder langsamer verlaufen kann, und dass dieses innere Leben das Grundmaass ist, mit welchem wir bei Beobachtung der Natur die Zeit messen.

Nur weil dieses Grundmaass ein kleines ist, scheint uns z. B. ein Thier, das wir vor uns sehen, etwas Bleibendes in Grösse und Gestalt zu haben, denn wir können es in einer Minute viele hundert Male sehen und bemerken keine Veränderung. In Wirklichkeit ist es aber doch nicht ganz unverändert geblieben.

Nicht nur hat sein Blut sich bewegt, es hat Sauerstoff aufgenommen und Kohlensäure ausgeathmet, es hat durch Transpiration Stoffe verloren, es sind noch andere zahllose kleine Veränderungen in seinem Innern vorgegangen, denn es ist neue Substanz angesetzt, früher gebildete aber aufgelöst, und überhaupt ist es eine Minute lang in der Entwickelung vom Keime zum Tode fortgeschritten. Brauchten wir aber einen ganzen Tag, um eine Beobachtung zu machen, so würden wir wohl auch die Veränderungen in seiner äusseren Gestalt erkennen, wenigstens an solchen Thieren, die noch in der Entwickelung begriffen sind.

Denken wir uns einmal, der Lebenslauf des Menschen verliefe viel rascher, als er wirklich verläuft, so werden wir bald finden, dass ihm alle Naturverhältnisse ganz anders erscheinen würden. Um die Verschiedenheit, in der sich die ganze Natur darstellen würde, recht auffallend zu machen, wollen wir den Unterschied in der Lebenslänge auch recht gross nehmen. Jetzt erreicht der Mensch ein hohes Alter, wenn er 80 Jahre alt wird oder 29,200 Tage mit den dazu gehörigen Nächten. Denken wir uns einmal, sein Leben wäre auf den tausendsten Theil beschränkt; er wäre also schon sehr hinfällig, wenn er 29 Tage alt ist. Er soll aber nichts von seinem innern Leben dabei verlieren und sein Pulsschlag soll 1000 mal so schnell sein als er jetzt ist. Er soll die Fähigkeit haben, wie wir, in dem Zeitraum von einem Pulsschlage zum andern 6—10 sinnliche Wahrnehmungen aufzufassen.

Er würde gar Manches sehen, das wir nicht sehen. Er würde z. B. einer ihm vorbeifliegenden Flintenkugel, die wir nicht sehen, weil sie zu schnell ihren Ort verändert, um von uns an einer bestimmten Stelle erkannt zu werden, mit seinen Augen und ihrer raschen Auffassung sehr leicht folgen können. Aber wie anders würde ihm die gesammte Natur erscheinen, die wir in ihren wirklich bestehenden Zeitmaassen lassen. „Da ist ein herrlich leuchtendes Gestirn am Himmel", würde er in seinem Alter sagen, „das sich erhebt und wieder senkt und dann längere Zeit weg bleibt, aber später doch immer wiederkommt, um Licht und Wärme zu verbreiten, denn ich sehe es schon zum neunundzwanzigsten Male. Aber es war noch ein anderes Gestirn am Himmel, das wurde erst, als ich ein kleines Kind war, und war zuerst ganz schmal und sichelförmig, dann wurde es immer voller und stand länger am Himmel, bis es ganz rund wurde und die ganze Nacht hindurch leuchtete, zwar schwächer als das Tages-Gestirn, aber doch hell genug, um den Weg deutlich zu sehen. Aber dieses Nacht-Gestirn wurde wieder kleiner und stieg immer später auf, bis es endlich jetzt ganz verschwunden ist. Mit dem ist es also vorbei, und die Nächte werden nun immer dunkel bleiben." Wäre eine solche Meinung nicht sehr natürlich für ein denkendes Wesen, das nur einen Monat hindurch beobachten und denken konnte und etwa bei Neulicht geboren wurde? Von dem Wechsel der Jahreszeiten könnte ein solcher Monats-Mensch wohl keine

Vorstellung haben, wenigstens aus eigener Erfahrung nicht. Könnte er aber die Erfahrungen seiner Vorgänger benutzen, wie wir die Schriften unserer Vorfahren, so würde er mit Staunen hören oder lesen, dass es Zeiten gegeben haben soll, in denen die Erde ganz mit einer weissen Substanz, dem Schnee, bedeckt war, das Wasser fest wurde und die Bäume keine Blätter hatten, dass es dabei sehr kalt war, später aber die Wärme wiederkehrte, das Wasser wieder floss und die Erde sich mit Gras, die Bäume mit Blättern bekleideten. Er würde vielleicht eben so bedenkliche Zweifel hegen bei diesen Berichten wie wir, wenn man uns erzählt, dass in einem grossen Theile der gemässigten Zone Spuren vorkommen, welche anzudeuten scheinen, dass ganze Länder unserer Zone vor Jahrtausenden mit mächtigen Eislagen bedeckt waren, dass also anhaltende Eiszeiten dort gewesen sein müssen, dass dagegen die Kohlenschichten in Grönland Pflanzenreste enthalten, die nur in einem tropischen Klima gedeihen konnten, dass also einst auch in Grönland sehr warme Zeiten gewesen zu sein scheinen.

Die Annahme einer Lebensdauer von 29 Tagen hat an sich gar nichts Uebertriebenes. Es giebt recht viele organische Wesen, besonders unter den Pilzen und Infusorien, besser Protozoen genannt, deren Individuen lange nicht dieses Alter erreichen, und wenn wir in der Insectenwelt nur den vollkommenen Zustand als das volle Leben betrachten, für welches die frühern Zustände nur als Jugend-Vorbereitungen gelten, so giebt es unter den Insecten recht viele, deren volles Leben dieses Maass nicht erreicht. Manche Ephemeren leben nur wenige Stunden, ja nur eine Anzahl Minuten, nach der letzten Häutung.

Denken wir uns aber das menschliche Leben noch sehr viel mehr verkürzt, und zwar gleich auf den tausendsten Theil des schon oben verkürzten Maasses, so würde seine Dauer nur 40, und wenn es hoch kommt 42 Minuten ausfüllen. Bliebe die übrige Natur dabei völlig unverändert, sie würde uns doch wieder ganz anders erscheinen. In den 40 bis 42 Minuten seines Daseins würde der Mensch nicht bemerken können, dass Gras und Blumen wachsen, sie müssten ihm unveränderlich erscheinen. Von dem Wechsel von Tag und Nacht könnte er unmöglich eine Vorstellung während seines Lebenslaufes gewinnen. Vielmehr würde ein Philosoph unter diesen Minuten-Menschen, wenn er im Juni um 6 Uhr Abends geboren wäre, gegen Ende seines Lebens, vielleicht so zu seinen Enkeln sprechen: „Als ich geboren wurde, stand das glänzende Gestirn, von dem alle Wärme zu kommen scheint, höher am Himmel als jetzt. Seitdem ist es viel weiter nach Westen gerückt, aber auch immerfort tiefer gesunken. Zugleich ist die Luft kälter geworden. Es lässt sich voraussehen, dass es bald, nach 1 oder 2 Generationen etwa, ganz verschwunden sein wird, und dass dann erstarrende Kälte sich verbreiten muss. Das wird wohl das Ende der Welt sein, oder wenigstens des Menschengeschlechts."

Was könnte aber ein solcher Mensch, der überhaupt nur 40—42 Minuten lebt, von den Veränderungen in der organischen Welt bemerken? Nicht nur der Wechsel der Jahreszeiten müsste ihm ganz entgehen, sondern auch der Entwickelungsgang in den einzelnen Naturkörpern. Wenn er nicht sein halbes Leben (20—21 Minuten) an einer eben aus der Knospe brechenden Blume zubrächte, was selbst für uns langweilig wäre, aber für einen so schnell beobachtenden, dass 20 Minuten für ihn eben so viel Werth haben würden wie für uns 2 mal so viel Jahre, sich gar nicht denken lässt, so müssten ihm Blumen, Gras und Bäume als unveränderliche Wesen erscheinen. Selbst die Bewegung der Thiere und ihrer einzelnen Gliedmaassen würde er nicht als Bewegung sehen, denn diese wäre für sein rasch auffassendes Auge viel zu langsam, um sie unmittelbar zu erkennen. Er würde allenfalls auf sie schliessen können, wie wir jetzt die Bewegung der Gestirne am Himmelsbogen nicht unmittelbar sehen, wohl aber erkennen, dass sie nach einiger Zeit von dem Horizonte weiter abstehen, oder sich ihm genähert haben, und also auf eine Bewegung schliessen, die allerdings nicht in den Himmelskörpern stattfindet, sondern in unserm Horizonte, der sich mit uns bewegt. Die ganze organische Welt würde diesem Menschen leblos erscheinen, wenn nicht etwa ein Thier neben ihm einen Schrei ausstiesse, und höchstwahrscheinlich ewig dauernd, — ihm, der doch das Versinken der Sonne voraussagen zu können glaubte, und keinen

Grund haben konnte, an ihr Wiedererscheinen zu glauben. Wahrhaft lebend würden ihm nur seine Mitmenschen erscheinen, um so mehr müsste ihm ihr wahrscheinlicher Untergang mit dem Schwinden der Sonne zu Herzen gehen. Wie trostlos und langweilig müsste die gesammte äussere Natur auf ihn wirken. Indessen könnte er doch andere Unterhaltung haben, als uns zu Theil wird. Alle Töne, welche wir hören, würden freilich für solche Menschen unhörbar sein, wenn ihr Ohr ähnlich organisirt bliebe wie das unsrige, dagegen würden sie vielleicht Töne vernehmen, die wir nicht hören, ja vielleicht würden sie sogar das Licht, welches wir sehen, nur hören. Wir hören Körper und mit ihnen die Luft tönen, wenn sie nicht weniger als 14—16 und nicht mehr als 48,000 Schwingungen in einer Secunde, oder zwischen zwei Pulsschlägen eines Erwachsenen, machen. Raschere und langsamere Schwingungen hören wir gar nicht. Die rascheren unter den wahrnehmbaren nennen wir hohe, die langsameren tiefe Töne. Indem wir nun die Lebensdauer der Menschen uns sehr verkürzt dachten, zuerst auf den tausendsten Theil etwa, das Leben aber seine innere Fülle behalten sollte, wobei auch die für sinnliche Wahrnehmungen erforderliche Zeit in demselben Maasse wie alle übrigen Lebenserscheinungen verkürzt würde, sollte die übrige Natur bestehen wie sie ist. Ein Ton, der für uns zwischen 2 Pulsschlägen 48,000 Schwingungen macht und der höchste ist, den wir vernehmen können, würde für diese verkürzt lebenden Menschen nur

48 mal zwischen 2 Pulsschlägen schwingen und zu den sehr tiefen gehören. Wir haben aber für unsere Minuten-Menschen alle Lebensfunctionen noch auch $\frac{1}{1000}$ der vorigen $\frac{1}{1000}$, oder überhaupt auf den millionten Theil verkürzt. Ein solcher Mensch würde ohne Zweifel alle Töne, welche wir hören können, nicht hören, sondern nur unendlich viel raschere. Dergleichen scheinen aber wirklich zu bestehen, obgleich wir sie nicht hören, sondern nur sehen. Die Physiker sind nämlich durch die genauesten Untersuchungen über die Natur des Lichtes zu der Ueberzeugung gelangt, dass es in ausserordentlich raschen Schwingungen eines Stoffes besteht, der den ganzen Weltraum, so wie alle einzelnen Körper durchdringt, und den sie Aether nennen. Die Schwingungen dieses Aethers werden freilich als so schnell erfolgend berechnet, auf einige hundert Billionen mal in der Secunde, dass sie für unser Ohr nicht wahrnehmbar sein würden, auch wenn dieses eine Million mal so schnell hörte als es wirklich hört. Aber wir könnten die Zeitverkürzung des eigenen Lebens in Gedanken noch weiter treiben, bis diese Aether-Schwingungen, die wir jetzt als Licht und Farben empfinden, wirklich hörbar würden. Und könnte es in der Natur nicht noch ganz andere Schwingungen geben, die zu schnell sind, um von uns als Schall empfunden zu werden, und zu langsam, um uns als Licht zu erscheinen? Die Wärme, wenigstens die strahlende, scheint nach den neuesten Untersuchungen in Schwingungen zu bestehen, die weniger rasch sind als die

Lichtwellen. Und sollte es nicht noch andere Schwingungen geben, die zu langsam sind, um von uns als Licht, und zu schnell, um als Ton empfunden zu werden? Es ist keineswegs widersinnig, so etwas zu glauben. Die Planeten bewegen sich, und unsere Erde unter ihnen, mit ganz ansehnlicher Geschwindigkeit durch den Aether und müssen diesen in Bewegung setzen. Giebt das nicht vielleicht ein Tönen des Weltraumes, eine Harmonie der Sphären, hörbar für ganz andere Ohren als die unsrigen?

Aber lassen wir die Bewegungen, die im Weltall bestehen mögen, ohne von uns wahrgenommen zu werden, bei anderer Organisation aber vielleicht wahrgenommen würden, ganz bei Seite. Es kommt uns jetzt nur darauf an, den sehr ernst gemeinten Beweis zu führen, dass, wenn das uns angeborne Zeitmaass ein anderes wäre, nothwendig die äussere Natur uns sich anders darstellen würde, nicht bloss kürzer oder länger in ihren Vorgängen und enger oder weiter in ihren Wirkungen, sondern durchaus anders.

Wir haben bisher das menschliche Leben im Verhältnisse zur Aussenwelt verkürzt und gleichsam in sich verdichtet gedacht. Lassen wir es jetzt umgekehrt sich erweitern. Wir denken uns also, unser Pulsschlag ginge 1000 mal so langsam, als er wirklich geht, und wir bedürften 1000 mal so viel Zeit zu einer sinnlichen Wahrnehmung, als wir jetzt gebrauchen; dem entsprechend verliefe unser Leben auch nicht, „wenn's hoch kommt, 80 Jahr", sondern 80,000 Jahr. Mit dem veränderten Maassstabe, den wir aus unsern Lebensprocessen nehmen, wird die ganze Ansicht eine andere sein. Der Verlauf eines Jahres würde dann auf uns einen Eindruck machen, wie jetzt acht und drei viertel Stunden. Wir sähen also in unsern Breiten im Verlaufe von wenig mehr als vier Stunden unserer innern Zeit den Schnee in Wasser zerfliessen, den Erdboden aufthauen, Gras und Blumen hervortreiben, die Bäume sich belauben, Früchte tragen und die Blätter wieder verlieren. Wir würden das Wachsen wirklich sehen, indem unser Auge die Vergrösserung unmittelbar auffasste; doch manche Entwickelung, wie die eines Pilzes etwa, würde von uns kaum verfolgt werden können, sondern wir sähen die Pflanze erst, wenn sie fertig dasteht, wie wir jetzt einen aufschiessenden Springbrunnen, dem wir nahe stehen, erst sehen, wenn er aufgeschossen ist. In demselben Maasse würden die Thiere uns vergänglich scheinen, besonders die niedern. Nur die Stämme der grösseren Bäume würden einige Beharrlichkeit haben oder in langsamer Veränderung begriffen sein. Was aber das Gefühl von steter Veränderung am meisten in uns erregen müsste, wäre der Umstand, dass in den vier Stunden Sommerzeit ununterbrochen Tag und Nacht wie eine helle Minute mit einer dunkeln halben wechselte und die Sonne für unser Gefühl in einer Minute ihren ganzen Bogen am Himmel vollendete und eine halbe unsichtbar würde. Die Sonne würde dann wohl, bei der scheinbaren Schnelligkeit ihrer Bewegung, einen feurigen Schweif zu hinterlassen scheinen, wie jetzt die leuchtenden Meteore, die wir Feuerkugeln nennen, einen leuchtenden Schweif haben, wenn sie dem Beobachtungsorte näher als gewöhnlich vorbeifliegen, weil der Eindruck, den der leuchtende Körper an einer Stelle des Himmels auf unser Auge gemacht hat, noch nicht aufgehört hat, bevor wir ihn an einer andern sehen.

Wenn wir das tausendfach verlangsamte Menschenleben noch auf das tausendfache langsamer annehmen, so würde ihm die äussere Natur wieder ganz anders sich zeigen. Der Mensch könnte im Verlaufe eines Erdenjahres nur 189 Wahrnehmungen machen, denn für jede Empfindung wären fast zweimal 24 Stunden nöthig. Wir könnten den regelmässigen Wechsel von Tag und Nacht nicht erkennen. Ja, wir würden die Sonne nicht einmal erkennen, sondern, wie eine rasch im Kreise geschwungene glühende Kohle als leuchtender Kreis erscheint, würden wir den Sonnenlauf nur als leuchtenden Bogen am Himmel sehen, und da der Eindruck eines hellen Lichtes viel länger bleibt als der Eindruck der Dunkelheit, so würden wir das Schwinden des Lichtes in der Nacht nicht wahrnehmen können. Höchstens könnten wir eine regelmässig wiederkehrende momentane Abschwächung des Lichtes bemerken, besonders im Winter. Wir sähen gleichsam ein continuirliches Wetterleuchten mit zuckendem Lichte, und es ist fraglich, ob solche Menschen Scharfsinn und wissenschaftliche Mittel genug hätten, zu erkennen, dass die Erde durch eine feurig glänzende

Kugel erleuchtet wird, die mit grosser Geschwindigkeit um sie zu laufen scheint, und nicht, wie der Augenschein aussagen würde, durch einen feurigen Ring, der sich nach den Jahreszeiten hebt und senkt. Den Unterschied der Jahreszeiten würden Menschen dieser Art wohl erkennen, aber als unendlich rasch und vorübergehend, denn in 189 Augenblicken, oder im Verlaufe von $31\frac{1}{2}$ Pulsschlägen, wäre der ganze Jahreswechsel vollbracht. Wir sähen in unsern Breiten 10 Pulsschläge (oder 10 innere Secunden) hindurch die Erde mit Schnee und Eis bedeckt, dann etwa $1\frac{1}{4}$ Pulsschlag hindurch Schnee und Eis in Wasser zerrinnen und während 10 anderer Pulsschläge die Erde und Bäume sich begrünen, Blumen und Früchte aller Art treiben und wieder Blätter, Blumen und Früchte schwinden, nachdem sie die Aussaat für das künftige Jahr besorgt haben.

Ich habe absichtlich vermieden, dem Menschen neue und ungekannte Fähigkeiten zu suppeditiren, um Verhältnisse in der Natur zu erkennen, die uns verschlossen sind. Ich habe ihm keinen neuen Sinn zuerkannt, obgleich es unzweifelhaft ist, dass viele Thiere Wahrnehmungen haben, die uns fehlen. Manche Hufthiere wittern in der Steppe aus weiter Ferne ein offenes Wasser. Sie müssen eine grosse Empfänglichkeit für die Richtung haben, in der Wasserdünste in die Luft steigen, wofür wir eben so wenig empfindlich sind, wie für die feinen Ausdünstungen, die der Spürhund wittert. Nicht einmal die mikroskopischen und teleskopischen Augen der Insecten habe ich dem Menschen geborgt, um mehr zu sehen, als er jetzt sieht, noch weniger habe ich ihm die Fähigkeit zugesprochen, Verdecktes zu erkennen und z. B. der aufgesogenen Bodenfeuchtigkeit mit seinen Augen zu folgen, wie sie etwa im Weinstock von Zelle zu Zelle dringt und zuletzt in der Traube in zuckerhaltigen Stoff sich verwandelt, oder dem Blute, wie es immerfort alle Theile nährt und zugleich von ihnen zehrt. Noch weniger habe ich ihm die Gabe verliehen, in das innerste Wesen der Dinge zu schauen, den Urgrund alles Werdens oder dessen Endziel zu erfassen. Wir haben ganz einfach die Menschen genommen, wie sie sind, und nur gefragt, wie würde ihnen die gesammte Natur erscheinen, wenn sie ein anderes Zeitmaass in sich trügen. — Es kann nicht bezweifelt werden, dass der Mensch nur mit sich selbst die Natur messen kann, sowohl räumlich als zeitlich, weil es ein absolutes Maass nicht giebt; die Erdoberfläche scheint ihm sehr gross, weil er nur einen sehr kleinen Theil derselben übersehen kann, doch ist sie sehr klein im Verhältniss zur Sonne oder gar zum Weltgebäude. Hätte der Mensch nur die Grösse einer mikroskopischen Monade, so würde ihm, auch wenn er alle Schärfe des Verstandes beibehielte, ein Teich dennoch so erscheinen, wie bei seiner jetzigen Grösse ein Weltmeer. — Es kann nicht anders sein mit dem zeitlichen Maasse, mit welchem wir die Wirksamkeit der Natur abmessen, da mit dem räumlichen Maasse nur die Ausdehnung messbar ist. In der That haben wir gesehen, dass, je enger wir die eingebornen Zeitmaasse der Menschen nehmen, um so starrer, lebloser die gesammte Natur erschiene, bis zuletzt nicht einmal der Wechsel der Tageszeiten wegen Kürze des Lebens beobachtet werden könnte; dass aber, je langsamer unser eigenes Leben verliefe, je grösser also die Maass-Einheit wäre, die wir mitbringen, um so mehr wir ein ewiges Werden mit steter Umänderung erkennen würden, und dass nichts bleibend ist, als eben dieses Werden. Die Natur erschiene ganz anders, bloss weil wir selbst anders wären. Welche Ansicht mag nun die richtigere, der Wahrheit näher tretende sein? Ohne Zweifel die, welche aus dem grössern Maassstabe hervorgeht. Die Natur arbeitet mit unbegrenzter Zeit in unbegrenztem Raume. Der Maassstab für ihre Wirksamkeit kann nie zu gross sein, sondern ist immer zu klein.

So schiene uns Alles in der Natur verändert, nur weil wir selbst verändert wären und einen grössern Maassstab mitbrächten. Was hindert uns aber, den Maassstab noch grösser zu nehmen, so gross, dass wir den Wechsel der Jahre mit unsern Pulsschlägen abmässen. Wir sähen mit jedem Pulsschlage ein Aufblühen, Welken und Vergehen, aber nur der einzelnen Individuen, denn für das künftige Aufblühen sind die Keime immer schon geworfen. Wir sähen aber mit unserer ganzen Lebensdauer eine fortgehende Auflösung der Erdoberfläche, um in den Wechsel der verschiedenen Lebensformen aufgenommen zu werden. Wir würden dann nicht mehr zweifeln, dass alles Bestehen nur vorübergehend ist, denn selbst am leblosen Gestein nagt der Zahn der Zeit, wie man zu sagen pflegt, oder richtiger, es nagen an ihm die physischen Kräfte, welche der Luft, dem Wasser, der Wärme, dem Lichte inwohnen. Wir werden nicht anstehen, zu erkennen, dass nach diesem grossen Maassstabe alles Beharren nur Schein, das Werden, und zwar in der Form der Entwickelung, aber das Wahre und Bleibende ist, wodurch alles Einzelne vorübergehend erzeugt wird. In dieser Veränderlichkeit sind aber doch bleibend und unveränderlich die Naturgesetze, nach denen die Umänderungen geschehen. Die Schwere wirkt so, wie sie von Anbeginn gewirkt hat, die Luft nimmt eben so das Wasser auf, wenn sie erwärmt wird, und lässt es fallen, wenn sie sich abkühlt. In diesen Naturgesetzen würde keine Veränderung sich nachweisen lassen. Es ist nur das Stoffliche, was veränderlich ist, und vergänglich sind nur die einzelnen Formen, die der veränderliche Stoff oder die Kraft annimmt, nicht der Stoff an sich. Dieser scheint eben so unvergänglich wie die Kraft an sich, aber beide bestehen gesondert nur in unserem Denkvermögen. Sie sind nur Abstractionen unseres Verstandes. In der Wirklichkeit besteht kein Stoff ohne Eigenschaften (Kräfte), so wie wir keine Kraft kennen, die nicht aus Stoffen wirkte. Beide aber sind veränderlich und die Naturgesetze sind die bleibenden Nothwendigkeiten, nach denen sie sich verändern.

Wir können uns nicht die Vergänglichkeit aller körperlichen Individuen lebhaft vorstellen, ohne uns ängstlich zu fragen, wird denn auch das Geistige, das wir in uns als unser Ich fühlen, vergehn oder bleibend sein? Ich weiss eben so wenig als Sie, meine Herren, unter welcher Form es wird bestehen können, allein wir alle tragen die Sehnsucht nach Unsterblichkeit in uns und dieses auf die Zukunft gerichtete Bewusstsein, wie man jene Sehnsucht nennen könnte, dürfen wir wohl als eine Garantie gelten lassen, wenn wir auch nur auf dem Gesichtskreis des Naturforschers beharren. Erlauben Sie mir aber, dass ich bekenne, dass mir, je älter ich werde, um so mehr auch als Naturforscher der Mensch, seinem innersten Wesen nach, von den Thieren verschieden scheint. Körperlich ist er ein Thier, ganz unläugbar, aber in seiner geistigen Anlage und der Fähigkeit, geistige Erbschaft zu empfangen, steht er zu hoch über den Thieren, um ernstlich ihnen gleich gestellt werden zu können. Der Inbegriff seines Wissens, Denkens und Könnens ist ihm nicht angeboren, sondern eine Erbschaft, die er durch die Sprache von seinen Nebenmenschen und der ganzen Reihe der Vorfahren allmählig erhält. Wo ist ein Thier, das eine geistige Erbschaft sich erworben hätte? Seine Fertigkeiten erhält es als Aussteuer von der Natur. Der Mensch erhielt die Fähigkeit der Sprache und damit die Möglichkeit der geistigen Erbschaft von seinen Nebenmenschen.

Eine andere Aussteuer noch erhielt der Mensch

das mehr oder weniger lebhafte Gefühl von einem höhern Wesen, ich meine das Bedürfniss der Gottes-Anbetung. So roh auch der Mensch sein mag, er ist nicht ohne einige Form von Glauben oder Aberglauben. Der Neger im Innern Afrika's macht sich erst seinen Fetisch, dann betet er ihn an, und richtet Wünsche an ihn. Das mag uns vielleicht kindisch erscheinen, aber ich läugne nicht, mir scheint es ehrwürdig und tröstend. Ohne anthropologisch die verschiedenen Formen des menschlichen Aberglaubens durchzugehen, ohne aus den Jahrbüchern der Geschichte nachweisen zu wollen, wie mächtigen Einfluss die Formen des Glaubens auf die Entwickelung der Völker gehabt haben, stehe ich nicht an als Naturforscher die Ueberzeugung auszusprechen, wie dem Thiere der Instinct angeboren ist, ein Gefühl von der gesammten Natur und ihren Gesetzen, die das Thier nöthigt, seine Thätigkeit so einzurichten, dass sie für die Erhaltung seiner selbst und seiner Art zweckmässig wird, so dem Menschen das Gefühl für etwas Höheres, Unvergängliches, über der körperlichen Natur Stehendes. Dieses ursprünglich wohl nur dunkle Gefühl ist der Magnet, der ihn vom zweibeinigen Thiere zum Menschen erhoben hat, der aber auch die Verheissung enthält, dass er in näherer Beziehung zum Ewigen steht.

Aber ist denn das Geistige in uns wirklich etwas Selbständiges? Ist es nicht ein Spiel der Nervenfäserchen, das wir aus Vorurtheil für selbständig und für unser eigentliches Ich halten? hört man jetzt wohl fragen, weniger von Naturforschern, als von Dilettanten, die sich für sehr weise halten. Einem Solchen kann man nur antworten: Wer das Bewusstsein der eigenen Selbständigkeit nicht in sich trägt oder sich durch sophistischen Zweifel abdisputiren lässt, dem dasselbe wiedergeben zu wollen, verlohnt sich nicht.

Aber ein Gleichniss kann man wohl geben, wie verschieden die Urtheile ausfallen können, und selbst begründete Urtheile, verschieden nach den Standpunkten und Gesichtspunkten. Es hört Jemand in einem Walde ein Horn blasen und je nachdem er ein lebhaftes Allegro oder ein schmelzendes Adagio gehört hat, wird er vielleicht auf einen muntren Jäger oder auf einen zartsinnigen Musiker schliessen, die er aber nicht sehen kann. Er wird sich vielleicht besinnen, ob er dieselbe Melodie nicht schon einmal gehört hat, aber dass sie sich selbst abgespielt habe, wird ihm gar nicht in den Sinn kommen. Indem er die Melodie in sich zu wiederholen strebt, tritt zu ihm eine Milbe, die in dem Horne sass, als man anfing es zu blasen: „Was Melodie, was Adagio! Dummes Zeug!" spricht sie. „Ich habe es wohl gefühlt. Ich hatte eine stille und dunkle, gewundene Höhle gefunden, in der ich ruhig sass, als sie plötzlich von einem schrecklichen Erdbeben erschüttert wurde, erregt durch einen entsetzlichen Sturmwind, der mich aus der Höhle hinausschleuderte." „Thorheit!" ruft eine gelehrte Spinne, die in *physicis* gute Studien gemacht und den Doctorhut *cum laude* sich erworben hat, „Thorheit! Ich sass auf dem Horne und fühlte deutlich, dass es heftig vibrirte, bald in rascheren, bald in langsameren Schwingungen, und Ihr wisst, dass ich mich auf Vibrationen verstehe, fühle ich doch die leiseste Berührung meines Netzes, wenn ich auch tief in meinem Observations-Sacke sitze." Sie hat Recht, die gelehrte Spinne, in ihren subtilen physikalischen Beobachtungen. Auch die Milbe hat richtig beobachtet; nur hatten beide kein Verständniss für die Melodie gehabt.

Ein zweites Bild! Gesetzt, wir fänden mitten in Afrika ein Heft Noten, das von Livingstone oder einem andern kühnen Reisenden verloren wäre. Wir zeigen es einem Neger-Häuptling oder einem Buschmann, der noch nichts Europäisches gesehen hat, und fragen ihn, wofür er das halte. „Das sind trockene Blätter", wird er vielleicht sagen, oder sonst irgend ein Wort seines Sprach- und Vorstellungs-Schatzes gebrauchen, mit dem man flache Körper von geringer Dicke bezeichnet. Wir reisen weiter und kommen zu einem Hottentotten, der einigen, wenn auch nur mittelbaren Verkehr mit Europäischen Colonisten hat. „Das ist Papier", wird er sagen, und wenn er solches Papier nicht schon oft gesehen hat, so wird es ihm vielleicht auffallen, dass auf demselben so viele grade Striche und schwarze Punkte sind. Er wird vielleicht eine Zauberformel vermuthen. Wir kommen später zu einem Europäischen Colonisten, einem *Boer*. — Er wird nicht in Zweifel sein, dass es Noten sind, aber weiter reicht seine Einsicht nicht. Wir treffen endlich in der Kapstadt einen ausgebildeten Tonkünstler und fragen den, was das sei? Dem wird gar nicht einfallen, dass er erst sagen sollte, ob das geschriebene Musik sei. Er wird die Musik sogleich lesen, in sich reproduciren und uns sagen: „Das ist Mozart's Ouverture zur Zauberflöte oder Beethoven's Symphonie in dieser oder jener Tonart."

So verschieden ist die Auffassung desselben körperlichen Gegenstandes nach der Bildungsstufe der Beobachter. Die ersten hatten keine Ahnung davon, dass Musik bildlich dargestellt werden könne, vermochten also auch nicht, sie zu sehen; der dritte wusste davon, hatte aber keine Uebung die Musik zu lesen; der Tonkünstler las sogleich die musikalischen Gedanken und erkannte sie als ihm schon bekannt. — So ist es mit der Beobachtung des Geistigen. Wer nicht Neigung und Verständniss zur Erkenntniss des Geistigen hat, mag es unerforscht lassen, nur urtheile er nicht darüber, sondern begnüge sich mit dem Bewusstsein seines eigenen Ich. Ja, der Naturforscher hat eine gewisse Berechtigung, vor der Gränze des Geistigen stehen zu bleiben, weil hier der sichere Weg seiner Beobachtungen aufhört, und seine treuen Führer, der Maassstab, die Waage und der Gebrauch der äussern Sinne, ihn hier verlassen. Nur hat er nicht das Recht, zu sagen: Weil ich hier nichts sehe und nichts messen kann, so kann auch nichts da sein, oder: Nur das Körperliche, Messbare hat wirkliche Existenz, das sogenannte Geistige geht aus dem Körperlichen hervor, ist dessen Eigenschaft oder Attribut. Er würde in letzterem Falle ganz so urtheilen wie der Hottentotte, der wohl Striche und Punkte sah, aber nichts von Musik, oder wie die gelehrte Spinne, welche die Vibrationen des Horns gezählt, aber die Melodie nicht gehört hat. Doch war in beiden Fällen das Geistige, der musikalische Gedanke, das Ursprüngliche, zuerst Erzeugte, Bedingende, zu dessen äusserer Darstellung und Wahrnehmbarkeit erst später geschritten wurde. Denn sicherlich waren diese Tonstücke in der Phantasie der Künstler lebendig geworden, bevor der eine das Horn ergriff, um durch Vibrationen desselben das seinige hörbar zu machen, und der andere das Papier, um mit längst gewohnten und verständlichen Zeichen das seinige sogar dem Auge sichtbar darzustellen.

Indem ich hier, vor Ihnen, meine Herren, die gewählten Gleichnisse benutzend, die Ueberzeugung ausspreche, dass auch in den Producten der Natur das Geistige, Thätige, das wir ausser uns nicht unmittelbar beobachten können, das Primäre ist, das, um sinnlich wahrnehmbar zu sein, verkörpert wird, so kann ich diese Ueberzeugung auch nur mittheilbar machen, indem ich mit meinen Stimmorganen Laute hervorbringe, deren Bedeutung uns verständlich und geläufig ist, so weit wir die gewählte Sprache verstehen. Sicher aber ging die innerliche Ausbildung des musikalischen und des wissenschaftlichen Gedankens ihren sinnlichen Darstellungen voraus, und nicht aus den einzelnen Tönen wurde erst die Melodie oder aus den einzelnen Wörtern der Gedanke, sondern die einzelnen Töne und

einzelnen Sprachlaute wurden in der Reihe hervorgebracht, welche nothwendig war, um die Melodieen und den Gedanken vernehmbar zu machen. Ohne den Willen und die Fähigkeit der Darstellung wären Melodie und Gedanken nicht zur äussern Erscheinung gekommen. Einmal mittheilbar geworden, können sie aber auch künftig noch oft wiederholt werden, obgleich die körperliche Darstellung schnell vorüberging.
Erinnern wir uns nun, was wir von den lebenden Individuen unserer Erde wissen und von jenen langsam lebenden Menschen, die wir uns früher dachten, noch mehr bestätigt gehört haben, dass alle lebenden Individuen verschwinden, nachdem sie einen Entwickelungs-Process durchgemacht haben, dass sie aber, wenn sie nicht in dieser Entwickelung gewaltsam unterbrochen wurden, Keime für ganz gleiche Entwickelungs-Processe ausgestreut oder befruchtet, d. h. zur Entwickelung befähigt haben. Bleibend sind also die Formen der Lebens-Processe; was sie bilden, geht immer wieder zu Grunde, wie bei jeder Darstellung einer Melodie, oder eines Gedankens, jede einzelne Darstellung bald vorüber ist, aber einmal dargestellt, leicht vervielfältigt wird. Muss man nicht die Lebens-Processe der organischen Körper mit Melodieen oder Gedanken vergleichen? In der That nenne ich sie am liebsten die Gedanken der Schöpfung; ihre Darstellung oder Erscheinung in der Körperwelt ist nur darin von der Darstellung eines Tonstückes oder eines Gedankens verschieden, dass der Mensch die letztern nicht so darstellen kann, dass sie sich selb-

ständig verkörpern und einen gesonderten Leib gewinnen. Er muss jedes einzelne Glied nach dem andern hörbar oder sichtbar machen, indem er die umgebenden Stoffe mit ihren Eigenschaften, wie sie eben sind, benutzt, um jedes Glied zu verkörpern. Der organische Lebens-Process aber, immer zwar an Stoffe gebunden, wenn auch im Keime an sehr wenige, entwickelt sich, indem er immerfort den Leib sich selbst weiter baut, wozu er die einfachen Stoffe aus der äussern Natur in sich aufnimmt. Er formt sich aber seinen Leib aus und baut ihn um, nach seinem eigenen Typus und Rhythmus. Dafür ist er aber auch ein Gedanke der Schöpfung, von dem sich unsere Gedanken, seien sie musikalische oder wissenschaftliche, darin unterscheiden, dass wir diesen die Herrschaft über den Stoff nicht mitgeben können.

Man darf nicht nur — man muss, wie ich glaube, noch weiter gehen und die Lebens-Processe, die uns umgeben, und uns selbst mit ihnen — für Gedanken der Schöpfung, auf die Erde herab gedacht, erklären. Es sind in den Leibern der Pflanzen und Thiere zwar eine Menge chemischer Verbindungen, die wir in der leblosen Natur nicht wiederfinden, allein zerlegen wir diese, so kommen wir nur auf solche chemische Elemente, welche im Erdkörper sich vorfinden. Die atmosphärische Luft und das Wasser sind die am meisten verbreiteten flüssigen und deshalb am leichtesten theilbaren und veränderlichen Stoffe. Beide sind nicht nur geneigt, gegenseitig einander aufzunehmen, denn die Luft ist durstig nach

Wasser und trinkt es auf, und das Wasser ist hungrig nach Luft und schluckt sie ein, sondern beide lösen mit Hülfe der Wärme, des Lichtes und der Bewegung, sehr langsam zwar, aber ununterbrochen, Theilchen vom festen Erdkörper ab. Aus lufthaltigem Wasser und wasserhaltiger Luft, mit ganz geringer Beimischung aus den festen Theilen des Erdkörpers, bauen die niedersten Organismen ihren Leib, indem sie aus den einfachen Elementen organische Verbindungen bilden. Von diesen organischen Stoffen nähren sich die höhern organischen Formen, die nicht mehr aus den einfachen Stoffen sich bilden können. Immer also kommt der Leib der höchsten Thierformen, wie der unsrige, von den einfachen Stoffen des Erdkörpers, nachdem er mannigfache Umwandlungen erlitten hat. Wie ich schon früher erinnerte, bereiten Fische, Vögel und Säugethiere für uns die roheren Pflanzenstoffe um. Andere geniessen wir unmittelbar. Immer ist es Erdenstoff, nach mancherlei Rhythmus umgeformt. Wir können uns daher von den organischen lebenden Körpern auf anderen Planeten keine Vorstellung machen, so lange wir die Stoffe, aus denen diese Planeten bestehen, nicht kennen. Kennten wir sie, so würden wir doch nur über die chemischen Bestandtheile ihrer Bewohner urtheilen, keineswegs über die Lebens-Processe oder die Formen der Umwandlung.

Nach eigenem Rhythmus also und zu eigenem Typus baut sich der organische Lebens-Process den Leib aus Stoffen, die er von der Aussenwelt aufnimmt. In den

Pflanzen erkennen wir nur diese leibliche Form der Selbständigkeit. In den Thieren kommt noch eine andere hinzu, das Wollen, und wo Wille ist, da ist auch Empfindung, d. h. ein organisches Wesen, das auf die Aussenwelt zu wirken den Trieb und die Fähigkeit hat, empfindet auch die Einwirkung der Aussenwelt auf sich, denn Lust und Leid leiten seinen Willen.

Aber sehr verschieden sind die Grade des Willens und die Fähigkeit, ihn walten zu lassen, in den verschiedenen Thieren ausgebildet. An den Felsen geheftet, kann die Auster nur ihre Schaalen schliessen, wenn das Wasser, das sie umgiebt, schädlich auf sie wirkt, oder sie öffnen, wenn das Wasser gut ist und Nahrungsstoff enthält, den sie durch Schwingungen zarter Fäden gegen die zurückliegende Mundöffnung treibt. Die Biene fliegt emsig von Blume zu Blume, um Wachs und Honig einzusammeln, aber ihr Sammeln geht weit über das eigene Bedürfniss hinaus. Woher das? Ich zweifle nicht, dass sie es mit Lust thut, aber was drängt sie, mehr zu sammeln, als sie für sich braucht?

Wir kommen hier an eine der grossen Aufgaben der Naturforschung, welche seit dem ersten Auftreten derselben, seit Aristoteles, die Forscher beschäftigt hat und wohl immer beschäftigen wird, an die Frage vom Instinct der Thiere. Man nennt diese Aufgabe eine dunkle und unverständliche. Das ist sie allerdings, wenn wir meinen, den Instinct aus Einzelheiten hervorgebracht uns erklären zu können. Allein so wie wir uns die einzelnen Typen der Thiere nicht aus Wirkungen der Stoffe erklären können, sondern als etwas unmittelbar Gegebenes, als Gedanken der Schöpfung, welche nach eigenem Rhythmus und Typus, gleichsam nach eigener Melodie und Harmonie, die rohen Stoffe combiniren, so werden wir auch wohl den Instinct als etwas Unmittelbares zu denken haben.

Wir sind hier nicht nur wieder in der Insectenwelt angekommen, aus welcher die Betrachtung der gesammten Natur uns verlockt hatte, sondern auch bei dem schönsten Theile des entomologischen Studiums. In keiner Thierklasse zeigt sich der Instinct so mannigfach modificirt, so wunderbar in seinen Wirkungen, wie in der Insectenwelt. Es sind, wie Sie wissen, viele und treffliche Werke über die Instincte der Insecten geschrieben, und es haben geistvolle Naturforscher, wie die beiden Huber, ihr ganzes Leben der Beobachtung von den Trieben der Bienen und der Ameisen gewidmet. Es kann also nicht die Rede davon sein, dass ich diesen reichhaltigen Gegenstand hier erschöpfe. Allein erlauben Sie mir, dass ich mit einigen Pinselstrichen zu zeigen versuche, wie und warum ich diese Triebe für etwas Ursprüngliches, d. h. nicht aus der Körperbeschaffenheit Hervorgehendes, sondern über ihr Stehendes halte. Nur auf ein Paar der geläufigsten Beispiele will ich mich berufen. Die Mücke lebt in ihren Jugendzuständen nur im Wasser und kann nur im Wasser leben, da ihre ganze Organisation nur für dieses Element eingerichtet ist, und ihre Nahrung nur im Wasser sich findet. Sie bekommt aber bei der letzten Verwandlung Flügel, einen langen Saugestachel und Luftröhren, die an der Seite des Leibes sich öffnen. Jetzt erhebt sie sich in die Luft und scheut das Wasser, denn jetzt würde sie im Wasser bald ersticken. Sobald aber im Weibchen die Eier völlig reif sind, sucht dieses wieder das Wasser, in das sie nicht sich versenken darf, ohne zu verderben. Vorsichtig sucht sie daher ein schwimmendes Blättchen oder einen überhängenden Grashalm, um, darauf ruhend, ihre Eier in das Wasser fallen zu lassen. Das Männchen fühlt den Trieb nicht, das Wasser aufzusuchen. Ist nicht der Trieb hier offenbar eine Ergänzung des Lebens-Processes? Der Lebens-Process der Mücke hat ein Thier hervorgebracht, welches sein Leben im Wasser beginnt und in der Luft beschliesst; damit dieser in den neu gebildeten Keimen wieder beginnen könne, müssen diese in's Wasser gelegt werden. Diese Nöthigung, welche den Willen der weiblichen Mücke im entscheidenden Momente bindet, die wir Instinct zu nennen uns gewöhnt haben, ist also wohl eine Ergänzung des Lebens-Processes. — So in tausend andern Fällen. — Der Schmetterling benutzt seine Flügel und seinen Saugrüssel, um aus den Blumen Honigsaft aufzusaugen; aber wenn er seine Eier zu legen hat, muss er mit Hülfe derselben Flügelbewegungen diejenigen grünen Pflanzentheile aufsuchen, von denen die aus den Eiern kriechenden Raupen sich nähren können, um an diese seine Eier zu legen. — Die Stubenfliege, eine mehr unbequeme als theure Kostgängerin, nascht am liebsten von den süssen Speisen unserer Tafeln, wie ein verwöhntes Kind; wenn aber die Zeit gekommen ist, dass sie gebären soll, so muss sie die schmutzigsten Oerter aufsuchen, weil nur an solchen ihre Brut gedeihen kann. — Werfen wir noch einen Blick auf die wunderbaren Verhältnisse des Bienenstaates. Ein einziges Individuum, die sogenannte Königin, ist vollkommen weiblich organisirt, um Eier legen zu können. Sie legt sie aber zu mehreren Hunderten an einem Tage. Nun bedürfen aber die Larven, die aus diesen Eiern kriechen, zur Nahrung des Honigs, den sie aus den Blumen nicht selbst sammeln können, da sie weder Flügel noch Füsse haben. Die Königin hat auch nicht Zeit dazu, sie legt immerfort Eier. Dafür sind nun aber in grosser Zahl die Arbeitsbienen da, treue Dienerinnen des Hauses, welches so zahlreich bewohnt ist, dass man es mit Recht einen Staat genannt hat. Selbst unfähig, zu erzeugen, kennen sie neben der eigenen Ernährung keine andere Freude, als für die kommende Generation zu sorgen. Für diese bauen sie Zellen aus Wachs, für diese sammeln sie Vorräthe von Honig. Sie füttern die auswachsende Brut und verschliessen ihre Zellen mit Dächern, wenn die Umwandlung der Larven beginnt. Aber alle diese aufopfernde Thätigkeit besteht nur so lange, als eine Königin da ist, oder Brut, aus der eine Königin bald werden kann. Wird die Königin dem Stocke genommen, und fehlt die Hoffnung, sie bald ersetzt zu sehen, so hört der Zellenbau und das geregelte Einsammeln des Honigs auf. Es ist ja auch nicht mehr nöthig, denn es werden keine Eier mehr gelegt.

4*

Allerdings sehen diese und ähnliche Aeusserungen des Instinctes so aus, als ob ihnen Einsichten in die Naturverhältnisse zu Grunde lägen. Doch ist es unmöglich, der Meinung sich hinzugeben, dass diese Einsicht in den Bienen liege. Wir finden selbst bei solchen Thieren, die dem Menschen am ähnlichsten sind, deren Hirn fast den Bau des menschlichen hat, bei den ungeschwänzten Affen, noch so wenig Einsicht in die Naturverhältnisse oder so wenig Urtheil, dass sie wohl an einem von Menschen angemachten Feuer sich wärmen, aber, wenn es ausgeht, davonlaufen und nicht darauf fallen, neues Holz herbeizutragen. — Die dem Menschen ähnlichsten Affen haben also noch nicht einmal die erste Erfindung machen können, welche das Menschengeschlecht vor allen andern machen musste und überall gemacht hat. Wie unwahrscheinlich ist es, dass Insecten mit so wenig ausgebildetem Hirn so umsichtiger Combinationen fähig sein sollten! Ueberdies sieht man bei ziemlich ähnlichen Insecten, denen aber eine etwas verschiedene Entwickelung zukommt, dass die eine Form einen Instinct offenbart, der für die Erhaltung dieser Art nothwendig ist, die andere aber, die solchen Instinctes nicht bedarf, auch ohne scheinbare Regungen des Denkvermögens bleibt.

Deshalb erscheint mir der Instinct als Ergänzung des Lebens-Processes. Den Lebens-Process aber halten wir nicht für ein Resultat des organischen Baues, sondern für den Rhythmus, gleichsam die Melodie, nach welcher der organische Körper sich aufbaut und umbaut.

Allerdings müssen im Organismus die Mittel sich finden, durch welche die einzelnen Verrichtungen des Lebens-Processes sich äussern können. Aber aus ihnen wird nicht der Lebens-Process, sonst müsste ihm die Einheit fehlen. In einem Clavier, auf dem man so eben eine Melodie abgespielt hat, müssen allerdings die verschiedenen Saiten sich finden, durch welche man die einzelnen Töne hörbar machen kann. Deswegen hat aber doch das Clavier die Arie nicht abgespielt, die wir von ihm hörten; es kann auch ganz andere Arien oder musikalische Gedanken hören lassen.

In den Organismen sind aber die einzelnen Theile derselben nach dem Typus und Rhythmus des zugehörigen Lebens-Processes und durch dessen Wirksamkeit gebaut, so dass sie einem andern Lebens-Processe nicht dienen können. Deswegen glaube ich die verschiedenen Lebens-Processe, mit musikalischen Gedanken oder Themen sie vergleichend, Schöpfungsgedanken nennen zu können, die sich ihre Leiber selbst aufbauen. Was wir in der Musik Harmonie und Melodie nennen, ist hier Typus (Zusammensein der Theile) und Rhythmus (Aufeinanderfolge der Bildungen).

Dass diese Gedanken ihre Verkörperung als ihren Leib selbst aufbauen, ist schon ein Grad von Selbständigkeit. Ein höherer ist der, wenn sie ein Gefühl von sich selbst und von der Aussenwelt, als verschieden von ihrem Selbst, bekommen, und die Möglichkeit, auf diese zu wirken, oder den Willen. Aber der Wille ist noch nicht frei, am wenigsten bei den niedern Thieren. Eine Nöthigung wirkt auf ihn, die sie drängt, für Erhaltung ihres Selbst und ihrer Art zu sorgen. — Diese Nöthigung ist es, die wir Instinct nennen. Die jungen Fische und Amphibien sind, wenn sie aus dem Ei schlüpfen, schon fähig, sich Nahrung zu suchen. Der Instinct der Mutter geht auch nur so weit, die Eier an den für ihre Entwickelung passenden Ort zu bringen. — Die Eier der Vögel bedürfen der Erwärmung, um ausgebrütet zu werden, und die ausgekrochenen Jungen müssen noch einige Zeit gefüttert werden. Den Vögeln gab die Natur den Instinct des Nestbaues, des Brütens und der Mutterliebe, um zu vervollständigen, was dem physischen Lebens-Processe für die Fortpflanzung fehlt. Bei den Säugethieren werden die Jungen im Leibe der Mütter erwärmt und ausgebrütet. Der Instinct des Nestbaues und des äussern Brütens ist also überflüssig und fehlt auch. Aber der Nahrungsstoff für die Neugebornen bildet sich in der Brust der Mutter. Damit sie diesen Stoff darreiche, war die Liebe zu den Jungen nothwendig, und sie ist auch da — und um so lebhafter, je hülfloser das Junge ohne die Mutter wäre.

Der Mensch, der am selbständigsten entwickelte Gedanke der irdischen Schöpfung, hat von allen thierischen Instincten wenig mehr als die Mutterliebe behalten. Sein Wille ist frei von dem „Müssen" oder von dem Zwange, der auf dem Willen der Thiere ruht. Dagegen fühlt er in sich ein „Sollen", d. h. einen Ruf zu Verpflichtungen, die sich als „Gewissen" oder als Verpflichtung gegen Andere und als „Glaube" oder als

Ruf zu dem allgemeinen Quell des Daseins offenbaren. Ich meine diese höchsten Vorzüge des Menschen nicht zu entweihen, wenn ich sie die höchsten Formen des Instinctes nenne. Diese Gefühle sind es, durch welche das Menschengeschlecht sich ausgebildet, sich veredelt hat. Die thierischen Instincte dienen nur zur Erhaltung der Arten, nicht zur Veredlung derselben. Darum ermangeln die Thiere des Fortschrittes.

Ist diese Zusammenstellung eine richtige, wie es mir scheint, dann ist auch der Instinct ein Ausfluss aus dem Welt-Ganzen und nicht aus körperlichen Verhältnissen hervorgegangen. Die Einsicht, die ihm zu Grunde zu liegen scheint, ist nicht die Einsicht der Thiere, sondern eine Nöthigung, die eine höhere Einsicht ihnen auferlegt hat.

Das Studium des Instinctes möchte ich unserer Gesellschaft besonders empfehlen, denn es muss das Auffassen der geistigen Seite der Natur fördern. — Die materialistische Ansicht der Naturverhältnisse hat sich nur verbreiten können, weil man jetzt überwiegend mit den physikalischen und chemischen Verhältnissen der Natur sich beschäftigt. Es ist nothwendig, dass man den Geist, der in ihr wehet, verstehen lerne und nicht wie unser Hottentotte von einer Beethoven'schen Symphonie nichts erkennt als das Papier, bedeckt mit Strichen und Punkten, dass man Typus und Rhythmus des Lebens nicht als Ergebniss des Stoffwechsels betrachte, sondern als dessen Leiter und Lenker, wie ein Gedanke oder Psalm wohl die Worte sucht und ordnet, um sich vernehmbar zu machen, nicht aber aus den einzelnen Wörtern nach deren eigenem Werth und Streben erzeugt wird.

Wenige Zweige der Naturwissenschaften möchten so unmittelbar zur Auffassung des innern Zusammenhanges aller Naturerscheinungen führen als die Entomologie, da diese uns die Aeusserungen des Instinctes, dieser Einwirkungen des allgemeinen Lebens auf die besondern Lebensformen oder des allgemeinen Willens auf den besondern, so offen und so mannigfach entgegenführt. Darum ist der Entomologie ein fröhliches Gedeihen zu wünschen, und um so mehr, je mehr sie die tiefsten und innersten Beziehungen im Natur-Ganzen zu eröffnen strebt. Zu mächtig haben die Entdeckungen der neuern Zeit über die chemischen und physikalischen Vorgänge im organischen Lebens-Processe auf einen grossen Theil der gebildeten oder für gebildet sich haltenden Welt gewirkt. Als ob es sich nicht von selbst verstände, dass der Stoffwechsel überall nur denselben Gesetzen gehorchen könnte — fängt man an, sich selbst nur für ein Product des Stoffes zu halten, eine sittliche Weltordnung nicht anerkennen zu wollen und den Stoff anzubeten, statt des Geistes, durch den er allein Wirksamkeit erlangt. Man will also — von Seiten der Materialisten — den Gedanken vor Lauten und den Choral vor Tönen nicht vernehmen. Glücklicher Weise ist dafür gesorgt, dass diese unwürdige und selbstmörderische Richtung nicht allgemein und bleibend werden kann. Zu mächtig dringen die geistigen Beziehungen durch in Zeiten der

Bedrängniss. Man versuche doch, einer bekümmerten Mutter, die ängstlich besorgt ist für ein krankes Kind, eine Vorlesung über den Stoffwechsel zu halten und auseinander zu setzen, dass dieses Kind nicht besser ist als tausend andere, deren Entwickelung durch Störung gehemmt wurde; dass überhaupt die Mutterliebe nur ein Vorurtheil sein müsse, weil sie stofflich sich gar nicht rechtfertigen lasse. Entrüstet wird sie antworten, dass dieses Kind aber das ihrige ist, dass die Liebe zu demselben sie antreibt, Sorge für dasselbe zu tragen, und dass sie auch erfüllen will, was sie fühlt, das sie soll. — So ist für ganze Völker die Stunde der Noth die Stunde der Erhebung zum Urquell aller Dinge.